幸せは日々の中に

葉祥明

日本標準

もくじ

1　変わりゆく世界で

この世界は、
悲しみと苦しみ、悪意と破壊に
満ちている。

この世界は、
優しさと希望、美しさと愛に
満ちている。

あなたは、
どちらを信じますか？
どちらを信じたいですか？

この世界は、
人々が見ている
夢のようなもの。

夢は、
人の数だけあり、
数限りなく生まれ、
消えていく。

この世界は、
悲惨さだけで
成り立っているわけでは
ありません。

そこには
生命の輝きも美も
同時にあることを
人は忘れちゃいけない。

なぜ、この世には
苦しみや悲しみが
絶えないのか。

それは、
苦しみや悲しみを通して、
人々が
幸せや歓びや愛の
かけがえのなさに
気づくためなんだ。

君は、この世界を
どんな所だと感じているかい？
辛く嫌な所？
厳しくて束縛ばかりの信頼できない所？
やりたくないことばかりやらされる所？

でもね、見方を変えれば世界が違って見えてくる。
優しく、温かい世界にね。
本当に助けが必要な時にひょいと助けが現れたり、
見ず知らずの人がとても親切にしてくれたり。
そして、君は信頼することの大切さを
知ることになるんだ。

この世では、
あらゆるものが変化します。
この世では、ある状態が
永遠に続くことはありません。
今の苦しみも、今の喜びも、
必ず変わります。

物事も人の心も
刻一刻と変わっていきます。
だから、一喜一憂しないで
軽やかにその事態を
受け止めていなさい。

アフリカの大草原で
チーターがガゼルを追っている。
あなたがチーターに心を向ければ
狩りの成功を思い、
ガゼルに心を向ければ
その無事を願う。

子育て中のチーターは、
生きんがためにガゼルを追い、
ガゼルもまた生きんがために命賭けで逃げる。
大自然の中のいのちの営みを、
息をひそめて見つめるあなたは何者だろう？

この日々が
辛くなったら、
しばらくそこを離れなさい。

せめて時間と空間だけでも
自分の自由になれば、
少しはひと息つけるでしょう。

その状況からは
どうしても
逃れられないとわかったら、
もう逃げ出そうなんて思わずに、
腹をくくってやっていく。

すると、突然、
道が開けるってことが
よくある。

人は時々、
この世を離れる必要があります。
この世の重さからしばし逃れて、
心を休ませるだけで、
絶望したり死んだり
しなくてもよくなります。

自分自身の命の
大切さに比べれば、
この世の約束事など
二の次です。

人は、計画する。
予定をたてる。
そして、計画通りに、
予定通りに事を行う。
しかし、
本当の驚きや感動は、
計画や予定の中にはないんだよ。

思いもしないこと、
突然の出来事こそ、
人の魂をゆさぶるんだ。
それこそが
生きることの醍醐味だ。

どんな所であれ、
あなたが馴れ親しんだ所でこそ、
あなたは寛《くつろ》ぐことが
できるのです。

見知らぬ所では、
誰も心落ち着くことは
できません。
この世界であなたが
安らぐことができる所は
ありますか？

どんなに辛く苦しくとも
逃げないで耐える。
そうしている間に
辛さも苦しみもすっと消え去る。
あれは一体何だったんだろう、
と思うくらいに。

だから絶望しないで、
もうちょっとだけ
耐えなさい！

世の中にも自分の心にも、
憎しみや恨み、
やっかみや怒りが
潜んでいるってことを
忘れないように。

と同時に、
人の心の中には
優しさや思いやり、
そして憐れみの心も
備わっているということも
憶えておくように。

身の危険を感じたら、そこから逃げる。
嫌な感じがしたら、その場から離れる。
変だなと思ったら、さっさと立ち去る。
ちゅうちょするな！

これが生存本能というもの。
これは人生の初めに誰もが
身につけておくべきこと。
どう生きるかはその後の問題だ。
とにかく、
まず生き延びよ！

どちらが正しいか、なんて見方は
しない方がいい。
この世では、全てが刻一刻と変化する。
正しい正しくないなんて
言ってる暇なんかないんだよ。

そんなことより、
君はどうしたい？
やりたいことは何？

学校の試験では問いに対する答えは
概ねひとつだけれど、
社会では問いに対する答えは
いくつもある。

人生においては、
それこそ答えは人の数だけある。
人それぞれに、
自分の答えを出していく。

起こった出来事の、
原因をあれこれ探るより、
それによって
自分自身がどう変わるべきかを
考えることの方が重要です。

出来事は
そのきっかけに
すぎません。

自分の理想を
他の誰かや社会に求めるのではなく、
自分自身を理想に近づける
努力をしなさい。

人は人、社会は社会。
あなたにはそれを
どうすることもできない。
しかし、
自分にならできる！

人は、世界と人生を
理解したと思って生きている。
しかし、いつの日か
「自分にはわかっていなかった」
ということに気づく時が来る。

あれもこれも理解したと思うことより、
世界と人生は驚嘆すべきもので、
理解すること以上に重要なのは、
それらを深く味わうべきものだということに
ようやく気づく。
人生の終わり間際にね。

人生には、
どうにもならないことがある。
そんな時はもう、
どうにかしようとじたばたしないで、
ひたすら天に全てをおまかせする。

それしかない！
その方が、間違いがない。

人も生きものも、
いつかはこの世を
去ります。
しかし、
その時が来るまでは
この世にいます。

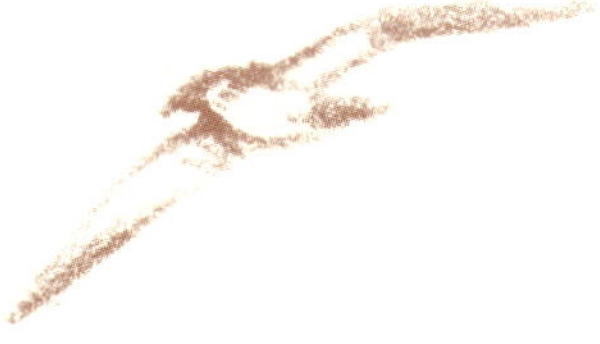

だから、
心配しないで
恐れないで
生きることだけを
考えなさい！

感謝しよう。
生きていることに感謝しよう。
飢えないでいられることに感謝しよう。
平和であることに、
戦争をしない国に住んでいられることに、
感謝しよう。

世界には今、
命を失い、飢えに苦しみ、
戦乱の中にいる国々と人々が
数多くあるのだから。

世界は何のためにあるか？
世界はあなたのためにある。
あなたがいるから世界はあるし、
あなたが生きるために世界はある。

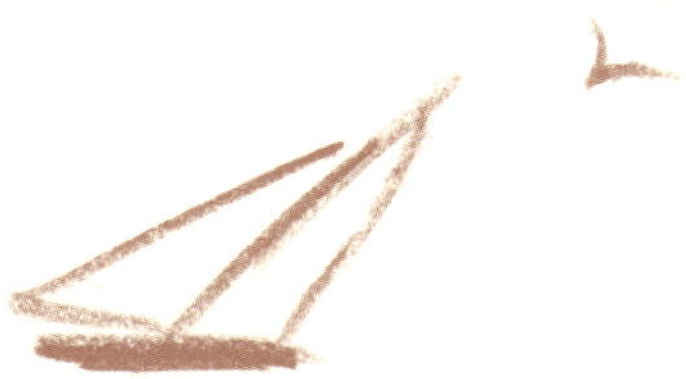

だから、あなたはどのように生きても良い。
苦しんでもいいし楽しんでもいい。
いずれにしろ、
あなたがこの世にいる限り、
この世界はあなたのものなのだから。
意外かな？

2　あなた自身のために

どんなことがあっても
決して希望を失わない。
必ず良くなる。
絶対良くなる！

その信念こそが
宇宙を動かし、
奇跡を起こす。

人が行うことは、
全て、その人の意思。

この世に生まれることも、
この世を去ることも、
その人の意思。
意思こそが
人の本質に他ならない。

まず
やってみる。

すべては
それからだ！

にっちもさっちも
いかなくなったら、
もう、どうにかできる
なんてことは考えないで
観念するんだ。

自分を捨てて
無になって
運を天にまかせるんだ。
それしかない！

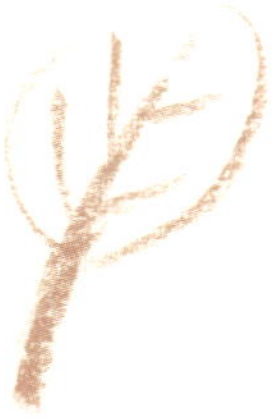

いいですか、
どんなに苦しく辛くとも、
死ななくてもいいんですよ。
苦しみと辛さのある場所や相手から、
離れればいいんです。

一人になって
ほっとしましょう。
そして、今は生きること。
生き延びることだけ
考えましょう。

人は、
運命にもてあそばれたり
苦しめられたりする
存在ではない。
人は、自分の意思で
人生を生きる。

それがわかったら、
もう悔やむことなんか
全然ない！
さあ、
前を向いて生きよ！

大切なのは
問題が起こった後だ。

正しく対応すれば、
問題が起こる前より
物事は良くなっている。

昨日のことは忘れなさい。
今日のことも忘れなさい。
過ぎたことは、
全て忘れなさい。

そして、常に
心を今に！

大切なのは自立心だ。
しかし、それは
何でも自分一人でやるってことじゃない。
自分にできないことは、
素直に人に頼むってことも含むんだ。

君も、
誰かが困っていたら
手を貸すだろう？

人生に、無駄なことは
ひとつもないんだよ。
何かしら、学ぶ心がけさえあれば、
この日々で無駄な時間なんか
ないんだよ。

その時間を君が
どう考え、どう使うか
だけなんだよ。

待つことを憶えなさい。

辛抱強く待っていれば、
必ず望んだ通りに
なります。

先を急ぐと、
急ぐこと自体が目的となって、
本当の目的が
二の次になってしまいます。

大切なのは本当の目的です。
急ぎなさんな！

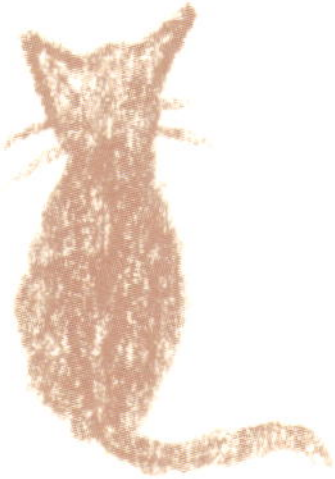

人は、昨日には生きられない。
人は、明日にも生きられない。
人は、常に
今日にだけしか生きられない。

だから、
今日を生きよ！

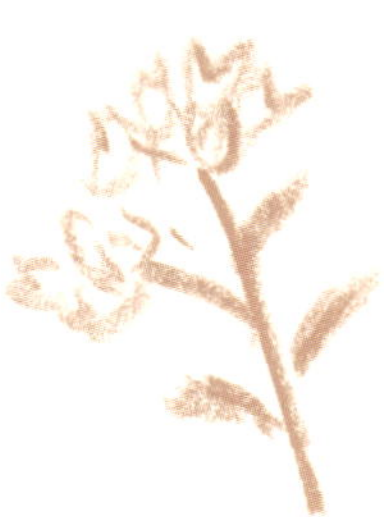

目的地に
早く着くことだけが
旅じゃない。
その途中の道程も
旅なんだ。

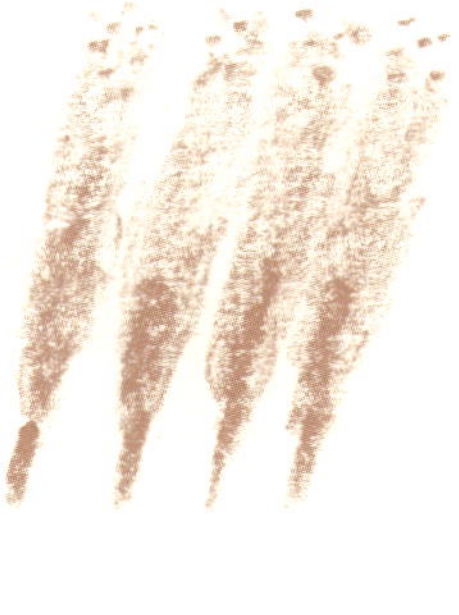

人はそのことを忘れて
ひたすら先を急ぐ。
急ぎ急いで、
多くのものを見過ごす。

人のために生きる、なんて
やたらと思わない方がいい。
人はまず、
自分自身のために生きなくては。

その上で、
誰かの役に立てれば上等です。

これはこの次に、これはいつか……
そう思って物事を
先延ばしにしている間に
月日が経って、
人生の残り時間が少なくなっていく。

そんなことに
ならないように
気をつけて！

あれはこうで、これはこうであると
断定しながら人は生きている。
しかし、ある時から
自分の判断に自信がなくなり、
疑問や迷いを感じ、遂には
わからない！
という日がやって来る。

その時、
人は真に賢くなるための
入口に立ったと言えるのだ。

忘れなさい！
どんどん
忘れなさい。

そして、
前を向いて
進むのです。

ふと、
何かをしたくなったら、
そうしなさい。
ふと、
何かをやめたくなったら、
そう思った通りにしなさい。

理屈なんか
どうでもいいから。

あなたの身に起こったことは、
あなたの人生の課題でもあり、
チャンスでもあります。

正しく対応し、
上手に活用して
人生を豊かにしていきなさい。

生きることを恐れない。
恐れていたら
十分に生きることができない。
生きる力のほんのわずかしか使えなくなる。
本来の力が発揮できなくなる。

なんてもったいない！
自分の中の
宝物に気づかないとは。

人は、
わざわざ他の何者かに
なる必要はない。

人は、
その人であればよい。
その人らしく生きれば、
それでよい。

私たちは、
生きるために
生まれてきたけれど、
死ぬために
生きているとも言えます。

そのことを
しっかり認識していると、
生きることの意味や目的や意義が
よりはっきりと見えてきます。

私たちは誰も、
本当には死なないんだから、
死ぬことを恐れる必要なんて
ないんだよ！

自分の人生を
生きることに
全力を傾けなさい。

いつこの世を去っても、
心安らかでいられるように、
常に死を想い、
死を友とせよ。

そうしてこそ、
生きること、
生きていることが
深い意味を持ってくる。

3 人との関わり方

相手にとって
一番良いことを考えて、
そうしてあげなさい。

それが本当の
親切です。

人を思いやるには
大きな心と
ゆとりが必要です。

思いやり深い人になるのが
人生の目的と言っても
過言ではない。

人を恨んだり
憎んだりするのは
自分の生命を浪費する
愚かな行為です。

一方、
人を愛し
思いやるのは
互いの命を輝かせる
素晴らしい行為です。

自分を苦しめた人を許そう。
ミスをした相手を許そう。
ミスをした自分を許そう。

その方が、
怒るより、悔やむより、
断然心が安まる。

怒る人は、
許すことを
覚えなくてはいけない。
怒った後は、
相手を許す。

しかし本当は、
怒る前に許すことができれば
怒らないで済む。
その方が、
はるかに望ましい。

何か問題があった時、大抵の人は、
相手が間違っている、だから
相手が変わらなくてはいけないと思う。
そして、相手を変えようとする。
社会に対しても同じことを考える。
この世界全体に対しても同じだ。
そして、自分は、変えない。
頑として変わろうとはしない。

そのような、
世の中が間違っている、
自分だけが正しい、という態度が
地球上の一番の問題なんだ。

トラブルが起こったら、
怒るより、
冷静に対処しよう。
笑顔で対応しよう。

その方が、
問題の解決は早い。

相手から、激しい怒りや
冷たい無視の仕打ちを受けても、
怒ったり卑屈になることはない。

知らぬ素振りで
いつもの自分でいればよい。
そのうち、相手は
……自滅する。

相手を自分の望むようには変えられない。
相手が自ら変わろうとしない限り。
だから、
相手を変えようとは思わないことです。

むしろ、
自分が変わる
努力をしなさい。
その方がはるかに
実りがあります。

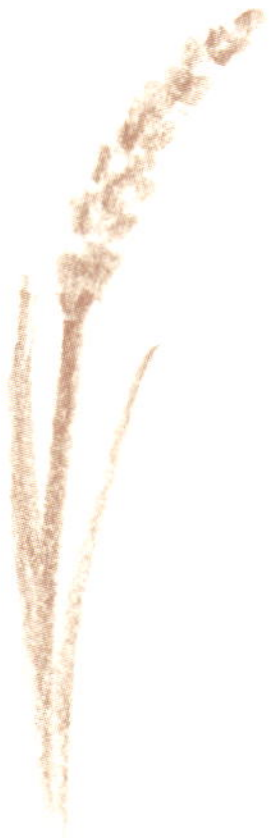

形だけ、口先だけで、
心が欠けていたら、
謝罪も感謝も
相手には届きません。
それでは何の意味もありません。

謝る時は心から謝る。
感謝する時も心から感謝する。
そうすれば必ず、
相手の心に届きます。

厄介な相手には
言いたいだけ言わせなさい。
相手は、言うだけ言えば
言うことがなくなります。

それはエネルギーの問題だからです。
エネルギーは消費すれば少なくなります。
相手とあなたのどちらが消耗したか、
わかるでしょう？

相手が自分と違う意見を言ったら、
間違っていると思わないで、
自分にはなかった
新たな物の見方や、やり方を
教えてくれているんだと思いなさい。

そうすれば、あなたは
学んで得したってことになる。

無理を押し通して
人を自分の言いなりに
させたら、

自分はけろっとしていても
相手は決して
そのことを忘れない。

相手の欠点や短所を見つけても、
それは相手を
批難・批判したりする
ためではありません。

それらは
自分を振り返り、
自分を正すための気づきです。
相手はあなたを写す
鏡にすぎません。

自分の考え、自分の感じ方、
自分の生き方こそ
最も正しい！と
思ってはいけません。
それはあなたにとってのことだけ。

人の数だけ
考え方、感じ方、生き方があります。
あなたから見た最悪も最高も、
他人から見たら
どうかわかりません。

決して相手を
否定しない。

人は、それぞれ、
その人なりに
精一杯に生きている。
たとえ未熟であっても。

人のことなど、実はどうでもいい。
自分が人として正しく
生きているかどうか、
それこそが最も重要。

なのに、多くの人が
他の人のことばかりとやかく言って、
自分を少しも省みない。
何よりも、まず
自分自身を正しく導くことだ。

あなたが
誰かや何かに
余計な関心を持たなければ、
それらはあなたに
何の影響も及ぼさない。

人が、
真に関心を向けるべきは、
自分自身だ！

人は、自分と似た考えや行動の人、
好みが同じ人を歓迎し、
自分と違う考えや行動の人、
好みの違う人を
無視したり拒絶したり、
反発したりする。

それがこの世界の
争いの元でもある。
君は、自分と違う人々を
どこまで受け入れられるだろう?

叱られたりいじめられたり、
抑圧とストレスが余りに長く続くと、
心も身体も委縮してしまい、
いつもおどおどし、理性を失い、無表情となり、
残るのは最後の生存本能、
怒りだけになります。

だから、
決して人や動物を苦しめたり、
追いつめたりしては
いけません。

全ての人が老いてゆく。
全ての人がいつかこの世を去る。
それは、まったくもって
当たり前のこと。

しかし、なぜか
人々はそのことで大騒ぎする。
あってはならぬことだと
言わんばかりに。
死は、静かに、そっと
受け止めなさい。

人は、頑固なものです。
頑固と頑固がぶつかり合って、
多くの苦しみが生まれます。

いいじゃないですか、
そんなにがちがちに
こだわり続けなくても。
そんなことより、
もっと柔らかく、
楽に生きたら？

よどみに入って
抜け出せなくなる人がいる。
周りにいる人が助け出したくても
どうにもできない。

なぜならその人は、
自分の意思で
そうしているから。

怒らない生き方を
していると、
好ましいことが
次々と起きる。

心が晴れやかだと、
大抵のことが
なんてことないものになる。

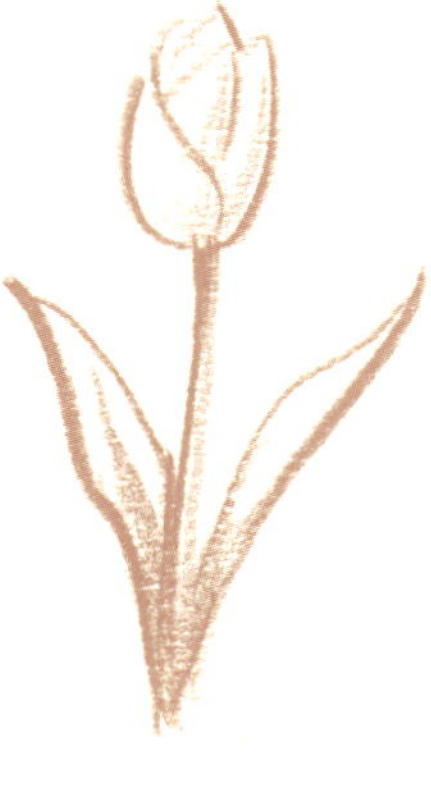

感謝の気持ちを
忘れていると、
ちゃあんと
それを思い出させてくれる
出来事が起こります。

物を失くしたり、
大切なものが壊れてしまったり、
病気も人間関係の悩みも、
曇った心にショックを与える
宇宙からの有難い注意です。

4　幸せは日々の中に

あなたの幸せは
私の幸せ。
あなたの哀しみは
私の哀しみ。

あなたと私は、
いつも一緒です。

幸せは、
なんでもないこの日常。
幸せは、
変わりないこの日々。

それが失われた時、
人は初めて
そのことに気づく。

ありがとう、
ごめんなさい、と
素直に言える人は、
必ず良い人生を
送ることができます。

ありがとう、
ごめんなさいは、
黄金の言葉です。

朝、
駅へ向かう人の群れ。
急ぎ足の人、悠然と行く人。
若者、中年、女性、男性。
子連れの母親。

毎朝、職場や学校に
出かけなくては
いけないってことの辛苦！
そしてまた、
そうすることのできる
幸せ！

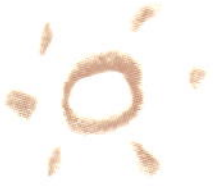

失くしたと
思っていた
大切なものが
見つかった。
本当に、天にも昇る
気分になった。

そして
感謝の気持ちで
一杯になった!

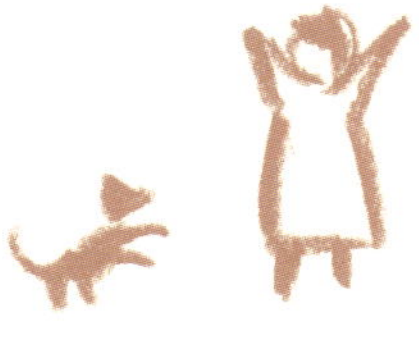

自由は
社会や他の人から
与えられるものじゃない。

自分で自分の中に
形づくっておくものなんだ。

病気をするのは良いものだ。
病気で辛い思いをしている
人々の気持ちが理解できるし、
健康であることのありがたみも痛感する。
そして、少し思いやり深く、少し謙虚になる。
それが良い。

病気は、人を
痛い目にあわせることで
成長させてくれる。

誰かや何かを好きになるのは
楽しいし自由です。
しかし
誰かや何かを愛すると
義務と責任が生じます。
時には苦しみさえも。

だから、
愛するには
勇気と決意が必要です。
あなたには
その覚悟がありますか？

安らかに生きたかったら、
親切で思いやりのある人に
なりたかったら、
幸せになりなさい。

人は自分が幸せだと
自然とそうなります。

人は自分が不幸せだと、
自分以外の人を自分と同じように
不幸せにしたくなる。

だから人は
幸せでなくちゃいけないんだ！

心配しないで
恐れないで
安心して
全てを受け入れる。

こんなことで
人は毎日
幸せに暮せる。

幸せ…
それは安らいだ
心の状態、
意識の在り方。

何の心配も
不安も恐れもなく
リラックスした状態。

良いこと、嬉しいこと、幸せなことが、
いつまでも続いていてほしい。
そして、悪いこと、嫌なこと、不幸せなことは、
できる限り起こらないでいてほしいと人は思う。
ところがこの世界では、変わらないものはない。
良いことも悪いことも、
次々とやって来ては去っていく。

永遠に続くものは何もない。
しかし、それが実は救いなんだ。
何かが永遠に続いたり変わらないってことの方が
最悪なんだ。
それがこの世界の特徴なんだ！

人生は誰のためにあるか。
当然自分のためです。
自分が生き生きとしていなくては
はじまりません。

しかしそこに
何かのため、誰かのため、
という要素が加わったら、
人生は、
もっともっと生き生きとして
素晴らしいものになります。

人生で
目標とすべきは
人としての成長です。
それに尽きます。
年齢も立場も
職業も業績も関係ありません。

どれだけ思いやり深く
親切な人になれたか。
それによって
人の価値が決まります。

不平不満で一杯の人は、
決して幸せになれません。
不平不満が
その人から
幸せを遠ざけるからです。

感謝の気持ち、
喜ぶ心の持ち主には
幸せがやって来ます。
感謝と喜びは
幸せの別の名前だからです。

条件つきの幸せは
条件が揃わないと幸せになれないし、
条件が変わったら
幸せじゃなくなります。

本当の幸せは、条件なしです。
心がけ次第で、
いつでも幸せを感じることができます。
それは、
この日々の全てをありがたく思い、
喜び感謝することです。

信じるという言葉は、
自分を全て明け渡し、
その代わり
結果には責任を負わないし
負えないという態度でもあります。

一方、
信頼という言葉には、
自分の意思と決意が込められている。
その結果には
全面的に自分が責任を負うという
潔さがある。

あなたが
心から望むことは
何ですか？

その本心が、
あなたを正しい道へと
導いてくれます。

子どものように、
明日が来るのが
待ち遠しい。

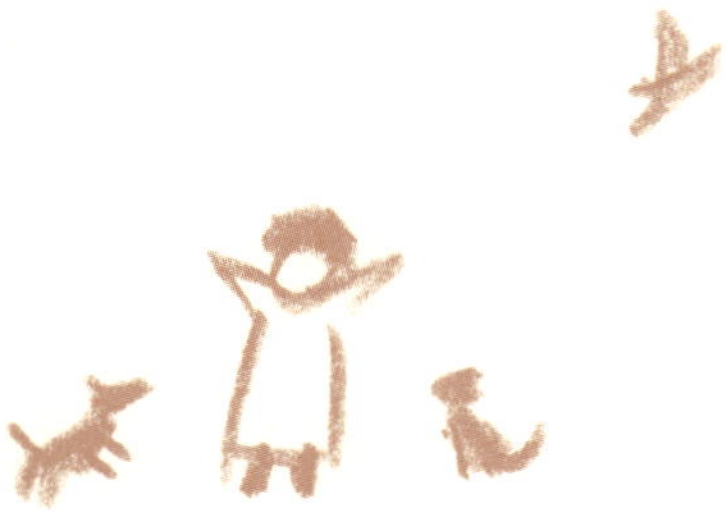

そんな気持ちで
生きていけたらいいね。
別に明日、
何かがあるわけじゃないけれど。

どんな時でも、
常に、
自分自身でいること。

そうすることで、
人は長い人生を
悠々と、また堂々と
生きてゆける。

時には
やり慣れたことでなく
新しいことをやろう。
間違いないことではなく
間違うかもしれないこともやろう。

なぜなら、
その方がもっと楽しくて
面白いから。
人生ってのは、生きるってのは、
わくわくする「冒険」なんだから。

私たちは、
私たちが思う以上に
神秘的な存在で、
人生も
私たちが思う以上に
厳粛なものです。

自分を卑下したり、
人生をつまらないもの、
ありきたりなものと
思ってはなりません。

あなたがいてよかった！
あなたと出会えてよかった！
と言ってくれる人が
どのくらいいますか。

それが、
あなたの今回の人生の
宝物です。

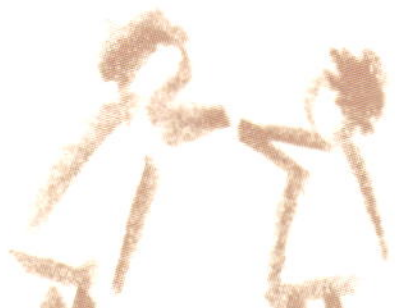

幸せになるためには、
何の条件もないし
資格もいらない。
年齢制限もありません。
心の安らぎ。
それが本当の幸せ！

小鳥の囀《さえず》り、
青空、
草花、
静けさ……
それだけで、人は
幸せを感じることができる！

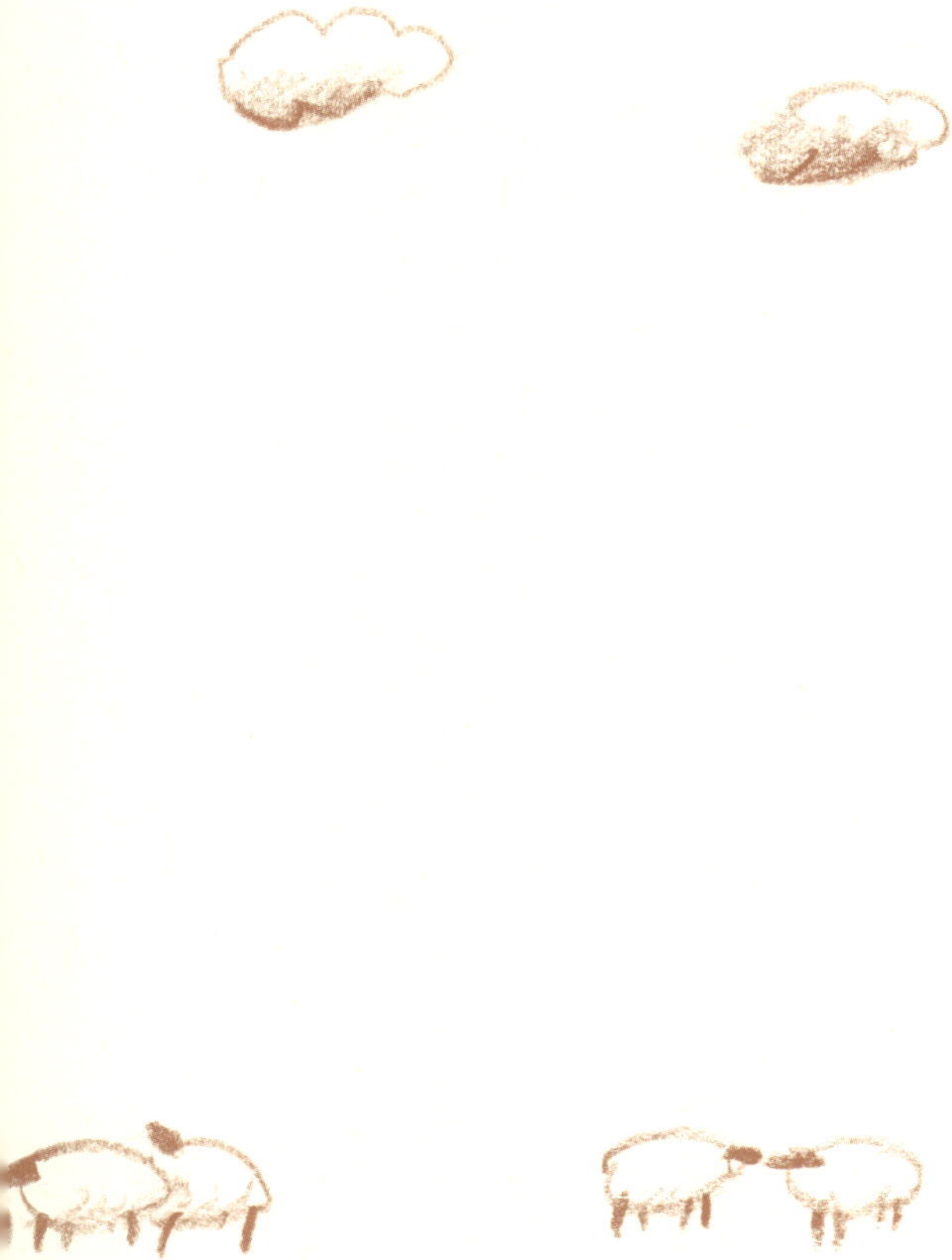

葉 祥明　よう・しょうめい

詩人・画家・絵本作家
1946年熊本生まれ。
「生命」「平和」など、人間の心を含めた
地球上のさまざまな問題をテーマに創作活動を続けている。
1990年『風とひょう』で、
ボローニャ国際児童図書展グラフィック賞受賞。
主な作品に、
『地雷ではなく花をください』シリーズ（自由国民社）、
『おなかの赤ちゃんとお話ししようよ』（サンマーク出版）、
『17歳に贈る人生哲学』（PHP研究所）、
『ことばの花束』シリーズ、
『無理しない』『気にしない』『急がない』『比べない』
『いのち あきらめない』『しあわせの法則』
『幸せに生きる100の智恵』『怒らない』（日本標準）ほか多数。

＊ http://www.yohshomei.com/
＊北鎌倉・葉祥明美術館 Tel.0467-24-4860
＊葉祥明阿蘇高原絵本美術館（熊本）Tel.0967-67-2719

幸せは日々の中に

2016年10月25日　初版第1刷発行

著　者：葉 祥明
装　丁：水崎真奈美 BOTANICA
発行者：伊藤 潔
発行所：株式会社 日本標準
〒167-0052　東京都杉並区南荻窪3-31-18
Tel. 03-3334-2630〈編集〉　03-3334-2620〈営業〉
http://www.nipponhyojun.co.jp/
印刷・製本：株式会社リーブルテック

ISBN978-4-8208-0606-6
Printed in Japan

無理しない
ISBN978-4-8208-0372-0［2008］四六変型/100頁/本体1200円

気にしない
ISBN978-4-8208-0415-4［2009］四六変型/100頁/本体1200円

急がない
ISBN978-4-8208-0438-3［2010］四六変型/104頁/本体1200円

比べない
ISBN978-4-8208-0462-8［2010］四六変型/104頁/本体1200円

いのち　あきらめない
ISBN978-4-8208-0471-0［2010］四六変型/104頁/本体1200円

三行の智恵 --- 生き方について
ISBN978-4-8208-0425-3［2009］A6変型/104頁/本体1000円

三行の智恵 --- 人との関わり方
ISBN978-4-8208-0426-0［2010］A6変型/104頁/本体1000円

三行の智恵 --- 心の平和のために
ISBN978-4-8208-0463-5［2010］A6変型/104頁/本体1000円

三行の智恵 --- 人として生きる
ISBN978-4-8208-0467-3［2010］A6変型/104頁/本体1000円

日本標準・葉 祥明の本

ことばの花束
ISBN978-4-8208-0063-7〔2003〕B6変型/32頁/本体1000円

ことばの花束Ⅱ
ISBN978-4-8208-0064-4〔2003〕B6変型/32頁/本体1000円

ことばの花束Ⅲ
ISBN978-4-8208-0065-1〔2003〕B6変型/32頁/本体1000円

しあわせことばのレシピ
ISBN978-4-8208-0259-4〔2005〕A5変型/56頁/本体1400円

しあわせ家族の魔法の言葉
ISBN978-4-8208-0301-0〔2007〕A5/56頁/本体1400円

奇跡を起こすふれあい言葉
ISBN978-4-8208-0314-0〔2008〕A5変型/56頁/本体1400円

しあわせの法則
ISBN978-4-8208-0531-1〔2011〕四六変型/128頁/本体1500円

幸せに生きる100の智恵
ISBN978-4-8208-0578-6〔2014〕四六/216頁/本体1500円

怒らない　幸せな人生のために
ISBN978-4-8208-0589-2〔2015〕四六/120頁/本体1300円